DAS WUNDERBARE ERLEBNIS DES HIRTEN –
die Weihnachtsgeschichte

Rhona Pipe

Illustriert von Annabel Spenceley

SAATKORN

Diese Nacht werde ich niemals vergessen.
Wir hatten ein Feuer ange-
zündet um so die Schafe zu schützen.
Wilde Tiere haben
nämlich Angst vor Feuer.
Aber dann bekamen wir einen
gehörigen Schreck und diesmal war
es kein Tier,
das uns Angst machte.

Wir saßen da,
erzählten ein bisschen und legten
uns dann schlafen.
Plötzlich war da ein ganz
helles Licht.
Und in dem Licht sahen wir einen
Mann – nein,
es war kein Mann, es war ein Engel.
Mir wurde heiß und kalt.
Und dann sprach der Engel
zu uns.

„Habt keine Angst", sagte er und seine Stimme klang wie Musik.
„Ich habe eine wunderbare Nachricht für euch.
Euer König ist auf die Welt gekommen. Ihr findet ihn in
Bethlehem in einer Krippe."
Ich war erstaunt. „In einer Krippe? Aus der die Tiere fressen?!"

Und dann war plötzlich
der ganze Himmel voll von Engeln.
Es war großartig.
Sie sangen wunderschön.
„Ehre sei Gott", jubelten sie.
„Er schenkt den
Menschen seinen Frieden,
weil er sie liebt."

Dann waren die Engel verschwunden
und wir waren mit
unseren Schafen wieder allein.
Nach einer Weile sagte ich:
„Warum stehen wir hier eigentlich
noch herum? Lasst uns in die
Stadt gehen und sehen, ob es stimmt,
was der Engel erzählt hat."

Die Stadt war voll von Menschen.
„Was nun?", fragten wir uns.
„Am besten wir fragen im Gasthaus", schlug ich vor.
Das war eine gute Idee!
„Versucht es einmal im Stall",
riet uns der Gastwirt.
„Im Stall?", fragte ich ungläubig.
„Das ist aber kein passender Ort für einen neugeborenen König!"

Aber tatsächlich, hier fanden wir ihn –
genau wie der Engel es gesagt hatte.
Er schlief ganz fest in der Krippe.
Und wir standen draußen
vor der Tür und waren zu schüchtern
hineinzugehen.
Irgendwie trauten wir uns nicht richtig.

Doch seine Mutter sagte:
„Kommt nur herein."
Dabei lächelte sie uns freundlich zu.
Und dann begannen wir alle auf
einmal zu reden und zu berichten,
was wir erlebt hatten.

Auf dem Rückweg
erzählten wir die
Geschichte jedem,
der uns über den Weg lief.
Manche Leute glaubten
uns nicht und sagten,
wir seien Schwindler.
Aber das machte uns nichts aus.
„Lobt Gott", sagten wir.
„Gott ist wirklich groß."

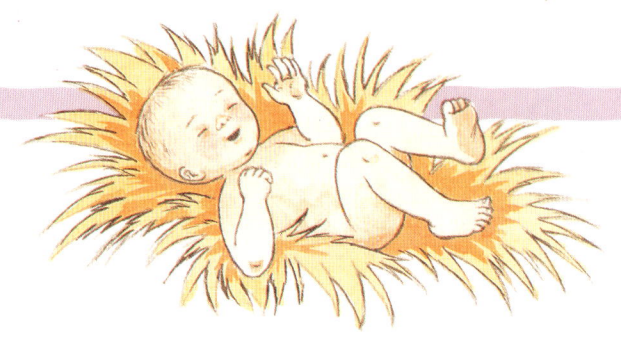

Dann gingen wir zurück zu unseren Schafen. Denn es war ja unsere Aufgabe, auf die Schafe aufzupassen. Aber Gott hatte sie gut beschützt, während wir weg waren. Ich denke ständig an den Engel und das Baby. Gottes König ist endlich gekommen! Hurra! Ich kann es kaum erwarten, bis das Baby groß ist.